PARA TODOS

Aplicación Práctica de la Biblia

NEVILLE

Traducción de Marcela Allen

Wisdom Collection

Freedom for All
Neville Goddard
Traducción al español
Libertad para Todos
Copyright © 2017 Marcela Allen Herrera
Todos los derechos reservados

PRESENTACIÓN

La presente edición es la traducción al español de la obra original publicada en el año 1942, bajo el título "Freedom for All". En este libro Neville nos revela los mensajes que están detrás de las escrituras bíblicas y nos muestra las leyes de la creación individual. Asi también nos dice cómo podemos aplicar estas enseñanzas para cambiar nuestras condiciones externas.

Este libro nos señala el camino de la verdad, ayudándonos a comprender que el mundo externo es el reflejo de lo que existe en nuestro interior; la conciencia es la causa de todo lo que vemos y experimentamos y sólo un cambio de conciencia nos puede dar *libertad a todos*.

M.A.H

LIBERTAD
para Todos

Aplicación Práctica de la Biblia

NEVILLE

CONTENIDOS

1. La Unidad de Dios ………………… 1
2. El Nombre de Dios ……………….. 9
3. La Ley de la Creación ……………… 16
4. El Secreto de Sentir………………… 21
5. El Sabbat …………………………... 34
6. Sanación …………………………… 44
7. Deseo – La Palabra de Dios ……… 51
8. Fe…………………………………... 61
9. La Anunciacion…………………….. 67

   ANEXO

   "Libertad" – Conferencia (1968)… 73

PRÓLOGO

La opinión pública no sostendrá por largo tiempo una teoría que no funciona en la práctica. Hoy en día, probablemente más que nunca antes, el hombre demanda la evidencia de la verdad, incluso de su más alto ideal. Para su satisfacción definitiva, el hombre debe encontrar un principio que sea para él un camino de vida, un principio que él pueda experimentar como verdad.

Yo creo haber descubierto tal principio en la más grandiosa de todas las escrituras sagradas, la Biblia. Obtenida desde mi propia iluminación mística, este libro revela la verdad oculta dentro de las historias del Antiguo y el Nuevo Testamento igualmente.

Brevemente, el libro expone que la conciencia es la única realidad, que la conciencia es la causa y la manifestación es el efecto. Constantemente lleva la atención del lector a este hecho, para que el lector pueda poner siempre primero lo primero.

Habiendo establecido el fundamento que un cambio de conciencia es esencial para poder obtener un cambio de expresión, este libro explica al lector una docena de diferentes formas para obtener tal cambio de conciencia.

Éste es un principio realista y constructivo que funciona. La revelación que contiene, si se aplica, te hará libre.

- Neville.

LIBERTAD
para Todos

CAPÍTULO 1

LA UNIDAD DE DIOS

Escuha, Oh Israel: El Señor nuestro Dios es un sólo Señor.
Escucha, Oh Israel:
Escucha, Oh, hombre hecho de la misma sustancia de Dios:
¡Tú y Dios son uno e indivisible!
El hombre, el mundo y todo lo que hay en el son estados condicionados del único incondicionado, Dios.
Tú eres éste único;
Tú eres Dios condicionado como hombre.
Todo lo que crees que Dios es, tú lo eres;
Pero tú nunca sabrás que esto es cierto,
mientras no dejes de declararlo como si fuera otro,

Y reconozcas que este aparente otro, eres tú mismo.
Dios y el hombre,
espíritu y materia,
lo sin-forma y lo formado,
el creador y la creación,
la causa y el efecto,
tu Padre y tú son Uno.
Este uno, en quien todos los estados condicionados viven y se mueven y tienen su ser, es tu Yo Soy,
Tu conciencia incondicionada.

La conciencia incondicionada es Dios, la única realidad. Por conciencia incondicionada me refiero a un sentido de conciencia; un sentido de saber que Yo Soy, diferente de saber quién Soy; la conciencia de ser, separada de aquello de lo que soy consciente de ser.

Yo Soy consciente de ser un hombre, pero no necesito ser un hombre para estar consciente de ser. Antes de hacerme consciente de ser alguien, Yo, la conciencia incondicionada, era consciente de ser, y esta conciencia no depende de ser alguien. Yo Soy auto-existente, conciencia incondicionada; yo me hice consciente de ser alguien; y yo me haré consciente de ser otro diferente de quien ahora soy consciente de ser; pero Yo Soy eternamente consciente de ser, ya sea que Yo Soy incondicionado sin-forma, o Yo Soy forma condicionada.

Como el estado condicionado, Yo (el hombre), puedo olvidar quién soy o dónde estoy, pero no puedo olvidar que Yo Soy. Este saber que Yo Soy, esta conciencia de ser, es la única realidad.

Esta conciencia incondicionada, el Yo Soy, es esa realidad conocida en la cual todos los estados condicionados - conceptos de mí mismo- comienzan y terminan, pero por siempre permanecerá ese desconocido *ser* más grande, cuando todo lo conocido cese de existir.

Todo lo que he creído ser, todo lo que ahora creo que Soy y todo lo que creeré que seré, no son más que intentos de conocerme a mí mismo, la desconocida e indefinida realidad. Este desconocido ser superior o conciencia incondicionada, es mi verdadero ser y la única realidad. Yo Soy la incondicionada realidad, condicionada como aquello que yo creo ser. Yo Soy el creyente limitado por mis creencias, el conocedor definido por lo conocido. El mundo es mi conciencia condicionada materializada.

Aquello que yo siento y creo como verdad de mí mismo, es ahora proyectado en el espacio como mi mundo. El mundo - mi ser reflejado- siempre da testimonio del estado de conciencia en el que vivo.

No hay azar o accidente responsable por las cosas que me suceden o en el entorno en el que me encuentro. Tampoco es un destino predeterminado el autor de mis fortunas o mis desgracias. La inocencia y la culpa son simples palabras que no significan nada para la ley de la conciencia, excepto que ellas reflejan el estado de conciencia mismo.

La conciencia de culpa llama a la condenación. La conciencia de carencia produce pobreza. El hombre eternamente materializa el estado de conciencia en el que permanece, pero él de una manera u otra, se ha confundido en la interpretación de la ley de causa y efecto. Él se ha olvidado que es el estado interno lo que causa la manifestación de lo externo - "Como es adentro, así es afuera"; "Correspondencia", el segundo de los "Siete Principios de Hermes Trismegisto". Y en su olvido, él cree que un Dios externo tiene sus propias peculiares razones por las cuales hace las cosas, y que tales razones están fuera de la compresión del hombre; o él cree que la gente está sufriendo a causa de errores del pasado que han sido olvidados por la mente consciente; o que el ciego azar, por sí solo, juega el papel de Dios.

Un día el hombre se dará cuenta que su propio 'Yo Soy' es el Dios que él ha estado buscando a través de los siglos y que su propio sentido de conciencia - su conciencia de ser - es la única realidad.

La cosa más difícil de comprender realmente para el hombre, es esta: Que su "Yo Soy" en él, es Dios. Es su verdadero ser, o estado Padre, el único estado del que puede estar seguro. El Hijo, su concepto de sí mismo, es una ilusión. Él siempre sabe que él *es*, pero aquello que él es, es una ilusión creada por él mismo (el Padre) en un intento de auto-definirse.

Este descubrimiento revela que todo lo que yo he creído que Dios era, Yo Soy.

"Yo Soy la resurrección y la vida" [Juan 11: 25] es una declaración de hecho respecto a mi conciencia, porque mi conciencia resucita o hace visiblemente vivo aquello de lo que soy consciente de ser.

"Yo Soy la puerta. [Juan 10:2, 10:7 y 10:9] ; "Todos lo que ha venido antes que yo, eran ladrones y bandidos" [Juan 10: 8], esto me muestra que mi conciencia es la única entrada al mundo de la expresión, que asumir la conciencia de ser o poseer la cosa que yo deseo ser o poseer, es la única manera en que yo puedo serlo o poseerlo; que cualquier intento por expresar este estado deseado por otros medios que no sean asumiendo la conciencia de serlo o poseerlo, es ser robado de la alegría de la expresión y posesión.

"Yo Soy el principio y el fin" [Revelaciones 1: 8 y, 22:13] revela a mi conciencia como la causa del nacimiento y la muerte de toda expresión.

"Yo Soy me ha enviado" [Éxodo 3: 14] revela que mi conciencia es el Señor que me envía al mundo en la imagen y semejanza de aquello que yo soy consciente de ser para vivir en un mundo compuesto por todo lo que yo soy consciente de ser.

"Yo Soy el Señor y fuera de mi no hay otro Dios" [Isaías 45: 5], declara que mi conciencia es el único Señor y que fuera de mi conciencia no hay Dios.

"Quédate quieto y sabrás que Yo Soy Dios" [Salmo 46:10] significa que debo aquietar la mente y saber que esa conciencia es Dios.

"No tomarás el nombre del Señor tu Dios en vano" [Éxodo 20: 7]; "Yo Soy el Señor: ése es Mi Nombre" [Isaías 42: 8]. Ahora que tú has descubierto tu Yo Soy, que tu conciencia es Dios, no afirmes como verdad de ti mismo nada que tú no afirmarías como verdad de Dios, porque al definirte a ti mismo, tú estás definiendo a Dios. Aquello que eres consciente de ser, es aquello con lo que has nombrado a Dios.

Dios y el hombre son uno. Tú y tu Padre son uno [Juan 10: 30]. Tu conciencia incondicionada o Yo Soy, y aquello que eres consciente de ser, son Uno.

El que concibe y la concepción son uno. Si tu concepto de ti mismo es menos de lo que tú afirmas como verdad de Dios, tú le has robado a Dios el Padre [ver Filipenses 2: 6], porque tú (el Hijo o concepción) da testimonio del Padre o el que concibe. No tomes el mágico nombre de Dios, Yo Soy, en vano porque no serás considerado inocente; tú debes expresar todo lo que afirmas que eres.

Nombra a Dios definiéndote conscientemente como tu más alto ideal.

CAPÍTULO 2

EL NOMBRE DE DIOS

Nunca es demasiado repetir que la conciencia es la única realidad porque ésta es la verdad que hace libre al hombre.

Este es el fundamento sobre el cual yace toda la estructura de la literatura bíblica. Las historias de la Biblia son todas revelaciones místicas escritas en un simbolismo oriental que revela al intuitivo, los secretos de la creación y la fórmula de escape. La Biblia es el intento del hombre por expresar en palabras la causa y la manera de creación. El hombre descubrió que su conciencia era la causa o creador de su mundo, entonces él procedió a contar la historia de la creación en una serie de historias simbólicas conocidas por nosotros hoy en día como la Biblia.

Para entender este grandioso libro, tú necesitas un poco de inteligencia y mucha intuición - suficiente inteligencia que te permita leer el libro y suficiente intuición para interpretar y entender lo que lees.

Tú te preguntarás por qué la biblia fue escrita simbólicamente. ¿Por qué no fue escrita de manera clara y simple para que todos quienes la lean puedan entenderla? Ante estas preguntas yo respondo que todos los hombres hablan simbólicamente a esa parte del mundo que difiere del suyo.

El lenguaje del Occidente es claro para nosotros los de Occidente, pero es simbólico para el Oriente; y viceversa. Un ejemplo de esto lo podemos encontrar en esta instrucción del habitante del Este: "Y si tu mano te ofende, córtala" [Marcos 9: 43]. Él habla de la mano, no como la mano del cuerpo, sino como cualquier forma de expresión y, por lo tanto, él advierte que te vuelvas de esa expresión en tu mundo que es ofensiva para ti. Al mismo tiempo, el hombre del Oeste, podría, sin ninguna intención, confundir al hombre del Este al decir: "Este banco está en las rocas". Porque la expresión: "en las rocas", para el occidental es equivalente a "bancarrota; ruina"; mientras que una roca para el habitante Oriental, es un símbolo de fe y seguridad.

"Por tanto, cualquiera que oye estas palabras mías y las pone en práctica, será semejante a un hombre sabio que edificó su casa sobre roca; y cayó la lluvia, vinieron los torrentes, soplaron los vientos y azotaron aquella casa; pero no se cayó, porque había sido fundada sobre roca." [Mateo 7: 24-25].

Para entender realmente el mensaje de la Biblia debes tener en cuenta que fue escrita por la mente del Este y por lo tanto no puede ser tomada literalmente por los habitantes del Oeste. Biológicamente no existe diferencia entre el Este y el Oeste. El amor y el odio son iguales; el hambre y la sed son iguales; la aspiración y el deseo son iguales; pero la técnica de expresión es vastamente diferente.

Lo primero que debes descubrir si deseas desbloquear el secreto de la Biblia, es el significado del nombre simbólico del creador, el cual es conocido por todos como Jehová. Esta palabra "Jehová" está compuesta por cuatro letras hebreas – Yod He Vau He. Todo el secreto de la creación está escondido en este nombre.

La primera letra, Yod, representa el estado absoluto o conciencia incondicionada; el sentido de conciencia indefinida; esa total integración, de la cual proviene toda la creación o estados condicionados de la conciencia. En la terminología de hoy, Yod es: Yo Soy o conciencia incondicionada.

La segunda letra, He, representa el único Hijo engendrado, un deseo, un estado imaginado. Simboliza una idea; un estado subjetivo definido o imagen mental clarificada.

La tercera letra, Vau, simboliza el acto de unificar o juntar al que concibe (Yod), la conciencia que desea a la concepción (He), el estado deseado, así el que concibe y la concepción se convierten en uno.

Fijar un estado mental, definirte conscientemente a ti mismo como el estado deseado, impresionar en ti mismo el hecho de que eres ahora aquello que has imaginado o concebido como tu objetivo, es la función de Vau. Clava o une la conciencia que desea con la cosa deseada. El proceso de cementar o unir es logrado subjetivamente al sentir la realidad de aquello que todavía no ha sido materializado.

La cuarta letra, He, representa la materialización de este acuerdo subjetivo. El Yod He Vau, hace al hombre o al mundo manifestado (He), en la imagen y semejanza de sí mismo, el estado consciente subjetivo. Entonces la función del He final, es dar testimonio objetivamente del estado subjetivo: Yod He Vau.

La conciencia condicionada continuamente está manifestándose a sí misma en la pantalla del espacio. El mundo es la imagen y semejanza del estado subjetivo consciente que lo creó. El mundo visible no puede hacer nada por sí mismo; sólo da registro de su creador, el estado subjetivo. Es el Hijo visible (He) dando testimonio de su invisible Padre, Hijo y Madre – Yod He Vau – una Santa Trinidad que sólo puede ser vista cuando se hace visible como hombre o manifestación.

Tu conciencia incondicionada (Yod) es tu Yo Soy, el cual visualiza o imagina un estado deseado (He) y luego se hace consciente de ser ese estado imaginado al sentirse a sí misma en ese estado imaginado. La unión consciente entre tú, quien desea, y aquello que tú deseas ser, es posible a través de Vau, o tu capacidad de sentir y creer.

Creer es simplemente vivir en el sentimiento de realmente ser el estado imaginado - asumiendo la conciencia de ser el estado deseado. El estado subjetivo simbolizado como Yod He Vau, luego se materializa a sí mismo como He y, por lo tanto, completando así el misterio del nombre del creador y su naturaleza, Yod He Vau He, (Jehová).

Yod, es estar consciente; He, es estar consciente de algo; Vau, es estar consciente como, o estar consciente de ser aquello de lo que sólo eras consciente. El segundo He es tu mundo visible materializado que está hecho en imagen y semejanza del: Yod He Vau, o aquello de lo que eres consciente de ser.

"Y dijo Dios: Hagamos al hombre a nuestra imagen, conforme a nuestra semejanza" [Génesis 1: 26]. Hagamos, Yod He Vau, la manifestación objetiva, (He), a nuestra imagen, la imagen del estado subjetivo.

El mundo es la manifestada semejanza del estado subjetivo consciente, en el cual la conciencia permanece.

Este entendimiento de que la conciencia es la única realidad, es el fundamento de la Biblia.

Las historias de la Biblia son intentos por revelar, en lenguaje simbólico, los secretos de la creación, así como también mostrar al hombre la única fórmula para escapar de todas sus propias creaciones.

Este es el verdadero significado del nombre Jehová, el nombre por el cual todas las cosas son hechas, y sin el cual nada de lo que ha sido hecho fue hecho. [Juan 1: 3].

Primero, tú eres consciente; luego te haces consciente de algo; luego te haces consciente de ser aquello de lo que eras consciente; luego observas objetivamente aquello de lo que eres consciente de ser.

CAPÍTULO 3

LA LEY DE LA CREACIÓN

Tomemos una de las historias de la Biblia y veamos cómo los profetas y escritores antiguos revelaron la historia de la creación por medio de este extraño simbolismo del Este.

Todos conocemos la historia del Arca de Noé; que Noé fue elegido para crear un nuevo mundo luego de que el mundo había sido destruido por la inundación.

La Biblia nos cuenta que Noé tenía tres hijos, Sem, Cam y Jafet [Génesis 6: 10].

El primer hijo es llamado Sem, que significa nombre. Cam, el segundo hijo significa cálido, vivo. El tercer hijo se llama Jafet, que significa extensión. Tú observarás que Noé y sus tres hijos Sem, Cam y Jafet, contienen la misma fórmula de la creación, como la contiene el nombre divino: Yod He Vau He.

Noé, el Padre, el que concibe, el constructor del nuevo mundo, es equivalente al Yod o conciencia incondicionada, Yo Soy. Sem es tu deseo; aquello de lo que eres consciente; aquello a lo que nombras y defines como tu objetivo y es equivalente a la segunda letra en el nombre divino (He). Cam es el estado cálido y vivo de los sentimientos, lo cual unifica o junta la conciencia que está deseando con la cosa deseada y es, por lo tanto, equivalente a la tercera letra en el nombre Divino, Vau. El último hijo, Jafet, significa extensión, y es el estado extendido o materializado dando testimonio del estado subjetivo, y es equivalente a la última letra del nombre divino, HE.

Tú eres Noé, el conocedor, el creador. La primera cosa que tú engendras es una idea, un anhelo, un deseo, la palabra, o tu primer hijo Sem (nombre).

Tu segundo hijo Cam (cálido, vivo) es el secreto del *sentimiento*, a través del cual eres unido subjetivamente a tu deseo para que tú, la conciencia deseando, te hagas consciente de ser o poseer la cosa deseada.

Tu tercer hijo, Jafet, es la confirmación, la prueba visible de que tú conoces el secreto de la creación. Él es la extensión, o el estado manifestado, dando testimonio del estado invisible o subjetivo en el que tú permaneces.

En la historia de Noé, se registra que Cam vio los secretos de su Padre [Génesis 9: 22], y, a causa de su descubrimiento, él fue obligado a servir a sus hermanos, Sem y Jafet [Génesis 9: 25]. Cam, o sentimiento, es el secreto del Padre, tu Yo Soy, porque es a través del sentimiento que la conciencia deseando es unida a la cosa deseada.

La unión consciente o matrimonio místico, se hace posible sólo a través del sentimiento. Es el sentimiento el que realiza esta unión celestial del Padre y el Hijo, Noé y Sem, conciencia incondicionada y conciencia condicionada.

Al realizar este servicio, el sentimiento automáticamente sirve a Jafet, el estado extendido o expresado, porque no puede haber expresión materializada a menos que primero haya una impresión subjetiva.

Sentir la presencia de la cosa deseada, reconocer subjetivamente un estado, impresionando en ti mismo a través del sentimiento un estado consciente definido, es el secreto de la creación.

Tu presente mundo materializado es Jafet, el cual fue hecho visible por Cam. Por lo tanto, Cam sirve a sus hermanos Sem y Jafet, porque sin el sentimiento el cual simboliza a Cam, la idea o cosa deseada (Sem) no puede hacerse visible como Jafet.

La habilidad de sentir lo invisible, la habilidad de realizar y de hacer real un estado subjetivo definido a través de la sensación del sentimiento, es el secreto de la creación, el secreto por el cual la palabra o deseo invisible es hecho visible - es hecho carne [Juan 1: 14]. "Y Dios llama a las cosas que no son, como si fueran." [Romanos 4: 17].

La conciencia llama a las cosas que no son como si fueran, y hace esto primero definiéndose a sí misma como aquello que desea expresar, y segundo, permaneciendo dentro del estado deseado hasta que lo invisible se hace visible.

Aquí está el trabajo perfecto de la ley, de acuerdo a la historia de Noé. En este preciso momento tú eres consciente de ser. Esta conciencia de ser, este saber que eres tú, es Noé, el creador.

Ahora, con la identidad de Noé establecida como tu propia conciencia de ser, nombra algo que te gustaría poseer o expresar; define algún objetivo (Sem), y con tu deseo claramente definido, cierra los ojos y siente que ya lo tienes o que ya lo estás expresando.

No preguntes cómo puede hacerse; simplemente siente que ya lo tienes. Asume la actitud mental que tendrías si ya estuvieras en posesión de aquello, para que sientas que ya está hecho. Sentir es el secreto de la creación.

Sé tan sabio como Cam y haz este descubrimiento de que tú también puedes tener la alegría de servir a tus hermanos Sem y Jafet; la alegría de encarnar la palabra o el nombre.

CAPÍTULO 4

EL SECRETO DE SENTIR

El secreto de sentir o de llamar lo invisible a estados visibles, es hermosamente contado en la historia de Isaac bendiciendo a su segundo hijo Jacob, creyendo que estaba bendiciendo a su primer hijo Esaú, basado solamente en el sentir. [Génesis 27: 1-35].

Se registra que Isaac, quien estaba viejo y ciego, sintió que ya estaba a punto de dejar este mundo, y deseando bendecir a su primer hijo Esaú antes de morir, mandó a Esaú a cazar un venado con la promesa que cuando volviera de la caza, recibiría la bendición de su padre.

Ahora, Jacob, quien deseaba el derecho de primogenitura o derecho de nacimiento a través de la bendición de su padre, escuchó el pedido de su padre ciego por carne de venado y su promesa a Esaú. Así que cuando Esaú se fue a cazar el venado, Jacob mató a un cabrito del rebaño de su padre y se vistió con el.

Poniendo la piel sobre su cuerpo suave, para dar la sensación del áspero y peludo hermano Esaú, él trajo el cabrito preparado y sabroso a su padre ciego Isaac. Isaac, que dependía solamente de su sentido del tacto, confundió a su segundo hijo Jacob por su primer hijo Esaú y pronunció su bendición sobre Jacob. Cuando Esaú volvió de la caza, se enteró de que su hermano de piel suave, Jacob, lo había suplantado. Así que apeló a su padre por justicia; pero Isaac le respondió diciendo: "Tu hermano vino con engaño y se ha llevado tu bendición. [Génesis 27: 35]. He aquí, yo lo he puesto por Señor tuyo y le he dado por siervos a todos sus parientes" [Génesis 27: 37].

La simple dignidad humana le debería decir al hombre que esta historia no puede ser tomada literalmente. Debe haber un mensaje escondido para el hombre, en alguna parte de este acto desleal y despreciable de Jacob. El mensaje escondido, la fórmula del éxito escondida en esta historia, fue intuitivamente revelada al escritor de esta manera. Isaac, el padre ciego, es tu conciencia, tu conciencia de ser. Esaú, el hijo peludo, es tu presente mundo materializado - el áspero o sensorialmente sentido; el momento presente; el presente entorno; tu concepto presente de ti mismo; en pocas palabras, el mundo que tú conoces por la razón de tus sentidos objetivos. Jacob, el joven de piel suave sin pelos, el segundo hijo, es tu deseo o estado subjetivo, una idea no encarnada aun, un estado subjetivo que es percibido y sentido, pero todavía no materializado ni visto; un punto en el tiempo y espacio removido del presente. En pocas palabras, Jacob es tu objetivo definido. El joven de piel suave Jacob - o estado subjetivo buscando ser materializado o el derecho de nacimiento - cuando se siente propiamente, o es bendecido por su padre (cuando se siente conscientemente y se fija como real), se materializa; y al hacerlo él suplanta al áspero, peludo Esaú, o el estado materializado anteriormente. Dos cosas no pueden ocupar un mismo lugar al mismo tiempo, así que cuando lo invisible se hace visible, el estado anteriormente visible desaparece.

Tu conciencia es la causa de tu mundo. El estado consciente en el cual tú permaneces determina el tipo de mundo en el que vives. Tu presente concepto de ti mismo está ahora materializado como tu entorno y este estado es simbolizado como Esaú, el peludo, el sensorialmente sentido; el primer hijo. Aquello que deseas ser o poseer es simbolizado como tu segundo hijo, Jacob, el joven de piel suave y sin pelos, el cual todavía no es visto pero es subjetivamente sentido y percibido y éste, si es tocado de la manera correcta, suplantará a su hermano Esaú, o tu mundo presente.

Siempre ten en cuenta el hecho de que Isaac, el padre de estos dos hijos o estados, es ciego. Él no ve a su hijo de piel suave Jacob; él sólo lo *siente*. Y a través del sentido del tacto él realmente cree que Jacob, el subjetivo, es Esaú, el real, el materializado.

Tú no ves tu deseo materializado, tú simplemente lo sientes (lo tocas) subjetivamente.

Tú no andas a tientas en el espacio detrás de un estado deseado. Tal como Isaac, tú te sientas quieto y envías a tu primer hijo a cazar, al remover tu atención de tu mundo materializado. Luego en la ausencia de tu primer hijo, Esaú, tú invitas al estado deseado, tu segundo hijo, Jacob, para que se acerque y así lo puedes sentir. "Te ruego que te acerques para palparte, hijo mío" [Génesis 27: 21]. Primero, tú estás consciente de el en tu entorno inmediato; luego tú lo traes más y más y más cerca, hasta que lo percibes y lo sientes en tu presencia inmediata, entonces es real y natural para ti.

"Si dos de ustedes se ponen de acuerdo sobre cualquier cosa que pidan aquí en la tierra, les será hecho por mi Padre que está en los cielos." [Mateo 18: 19]. Los dos se ponen de acuerdo a través del sentido del tacto; y el acuerdo es establecido en la tierra - es materializado; es hecho real.

Los dos que se ponen de acuerdo son Isaac y Jacob - tú y aquello que deseas; y el acuerdo es hecho solamente con el sentido del tacto.

Esaú simboliza tu mundo presente materializado, ya sea placentero o no.

Jacob simboliza todos y cualquiera de los deseos de tu corazón.

Isaac simboliza tu verdadero ser - con tus ojos cerrados al mundo presente - en el acto de percibir y sentirte a ti mismo siendo o teniendo aquello que tú deseas ser o tener.

El secreto de Isaac - el estado que percibe y siente - es simplemente el acto de separar mentalmente lo que se siente con los sentidos (tu presente estado físico) de lo que se siente sin los sentidos (aquello que deseas ser).

Con los sentidos físicos firmemente cerrados, Isaac lo hizo; y tú puedes hacer que lo que no se siente con los sentidos (el estado subjetivo) sea real o conocido por los sentidos, porque la fe es conocimiento.

Conocer la ley de autoexpresión, la ley por la cual lo invisible se hace visible, no es suficiente. Debe ser aplicada y éste es el método de aplicación:

Primero: Envía a tu primer hijo Esaú - tu mundo presente materializado o problema a cazar. Esto se logra simplemente cerrando tus ojos y quitando tu atención de las limitaciones materializadas. A medida que tus sentidos son removidos de tu mundo materializado, éste desaparece de tu conciencia o se va de caza.

Segundo: con tus ojos aun cerrados y tu atención alejada del mundo que te rodea, fija conscientemente el tiempo natural y lugar para la realización de tu deseo. Con tus sentidos físicos cerrados a tu entorno presente, tú puedes sentir y percibir la realidad de cualquier punto en el tiempo o espacio, porque ambos son psicológicos y pueden ser creados a voluntad. Es de vital importancia que la condición natural de tiempo-espacio de Jacob, esto es, el tiempo y lugar natural para la realización de tu deseo, sea primero fijado en tu conciencia.

Si el domingo es el día en el cual la cosa deseada debe ser realizada, entonces el domingo debe ser fijado ahora en la conciencia. Simplemente comienza a sentir que es domingo hasta que el silencio y la naturalidad del domingo sea conscientemente establecida.

Tú tienes asociaciones definidas con los días, semanas, meses y temporadas del año. Tú has dicho una y otra vez: "Hoy se siente como domingo, o lunes, o sábado; o esto se siente como la primavera, o el verano, o el otoño, o el invierno". Esto debería convencerte que tú tienes impresiones definidas y conscientes que asocias con los días, semanas y temporadas del año. Entonces, a causa de estas asociaciones, tú puedes seleccionar cualquier tiempo deseable, y al recordar la impresión consciente asociada con dicho tiempo, tú puedes hacer una realidad subjetiva de ese tiempo, ahora.

Haz lo mismo con el espacio. Si la habitación en la que estás sentado no es la habitación en donde la cosa deseada estaría naturalmente situada o realizada, siéntete a ti mismo en la habitación o lugar donde sería natural. Fija conscientemente la impresión de este tiempo y espacio antes de que comiences el acto de sentir y percibir la cercanía, la realidad y la posesión de la cosa deseada. No importa si el lugar deseado está a diez mil kilómetros de distancia o tan sólo en la puerta de al lado, tú debes fijar en la conciencia el hecho de que justo en donde estás sentado, es el lugar deseado.

Tú no haces un viaje mental; tú colapsas el espacio. Siéntate en silencio donde tú estás y haz del "allí" - "aquí". Cierra tus ojos y siente que el preciso lugar donde tú estás, es el lugar deseado; siente y percibe su realidad hasta que estés conscientemente impresionado con este hecho, porque tu conocimiento de este hecho está basado solamente en tu percepción subjetiva.
Tercero: En la ausencia de Esaú (el problema) y con el tiempo-espacio natural ya establecido, tú invitas a Jacob (la solución) para que venga y

llene este espacio - para que venga y suplante a su hermano.

En tu imaginación, observa la cosa deseada. Si no puedes visualizarla, siente la idea general de ella; contémplala. Luego mentalmente acércala a ti. "Te ruego que te acerques para palparte, hijo mío".

Siente la cercanía del deseo; siente que está en tu presencia inmediata; siente la realidad y la solidez que tiene; siéntelo y obsérvalo naturalmente ubicado en la habitación en la que estás sentado, siente la emoción de realmente haberlo logrado y la alegría de poseerlo.

Ahora, abre los ojos. Esto te trae de vuelta a tu mundo físico - el mundo áspero, o que se siente con los sentidos. Tu hijo peludo Esaú ha vuelto de la caza y por su presencia te dice que tú has sido engañado por tu hijo de piel suave Jacob - el sentido subjetivamente y psicológicamente.

Pero, como Isaac, cuya confianza estaba basada en el conocimiento de esta ley inmutable, tú también dirás: "He aquí, yo lo he puesto por señor tuyo y le he dado por siervos a todos sus parientes".

Eso significa que aunque tus problemas aparentan ser fijos y reales, tú has sentido el estado subjetivo y psicológico como real, al punto que recibiste el entusiasmo de esa realidad; tú has experimentado el secreto de la creación porque tú has sentido la realidad de lo subjetivo. Tú has fijado un estado psicológico definido que, a pesar de toda oposición o precedente, se materializará a sí mismo y por lo tanto ejecutará el nombre de Jacob - el suplantador.

Aquí hay un par de ejemplos prácticos de este drama.

Primero: La bendición, o hacer realidad una cosa.

Siéntate en tu sala de estar y nombra algún mueble, alfombra o lámpara que te gustaría tener en esta habitación en particular. Observa esa área de la habitación donde tú lo pondrías si lo tuvieras. Cierra los ojos y deja que desaparezca todo lo que ahora ocupa esa área de la habitación. En tu imaginación, mira a esta área como espacio vacío - no hay absolutamente nada allí. Ahora comienza a llenar este espacio con el mueble deseado; siente y percibe que lo tienes en esta misma área, imagina que estás viendo aquello que tú deseas ver. Continúa en esta conciencia hasta que sientas la emoción de poseerlo.

Segundo: La bendición, o hacer realidad un lugar.

Tú ahora estás sentado en tu departamento en la ciudad de Nueva York contemplando la alegría que tendrías si tú estuvieras en un crucero navegando a través del gran Atlántico. "Y si me voy y preparo un lugar para ustedes, vendré otra vez y los tomaré conmigo; para que donde yo estoy, allí estén también ustedes." [Juan 14: 2 y 3]. Tus ojos están cerrados; tú has liberado conscientemente el departamento de Nueva York y en su lugar, sientes y percibes que tú estás en un crucero. Tú estás sentado en una reposera; no hay nada alrededor tuyo, más que el vasto Atlántico. Fija la realidad de este barco y del océano para que, en este estado, tú puedas recordar mentalmente el día en que tú estabas sentado en tu departamento de Nueva York, soñando con este día. En tu imaginación mira la imagen mental de ti mismo de regreso en tu departamento de Nueva York. Si tienes éxito en mirar hacia atrás a tu departamento en Nueva York sin regresar conscientemente allí, entonces tú has preparado exitosamente la realidad de este viaje. Permanece en este estado consciente, sintiendo la realidad del barco y del océano; siente la alegría de este logro - luego abre tus ojos.

Tú te has ido y has preparado el lugar; tú has fijado un estado psicológico definido y donde tú estás en la conciencia, allí también estarás en el cuerpo.

Tercero: La bendición, o el hacer realidad un punto en el tiempo.

Tú abandonas conscientemente este día, mes, o año, según sea el caso, y tú imaginas que ahora es aquel día, mes, o año, que tú deseas experimentar. Tú sientes y percibes la realidad del tiempo deseado, impresionando en ti el hecho de que se ha cumplido ahora. A medida que sientes la naturalidad de este tiempo, tú comienzas a sentir la emoción de haber realizado completamente aquello que, antes de que comenzaras este viaje psicológico en el tiempo, tú deseabas experimentar como este tiempo.

Con el conocimiento de tu poder para bendecir, tú puedes abrir las puertas de cualquier prisión - de la prisión de la enfermedad o de la pobreza, o de una monótona existencia.

"El Espíritu del Señor Dios está sobre mí, porque me ha ungido el Señor para traer buenas nuevas a los afligidos; me ha enviado para vendar a los quebrantados de corazón, para proclamar libertad a los cautivos y liberación a los prisioneros." [Isaías 61: 1; Lucas 4: 18].

CAPÍTULO 5

EL SABBAT

"Seis días se trabajará, pero el séptimo día será día de reposo, consagrado al Señor" [Éxodo 31: 15; Levítico 23: 3].

Estos seis días no son periodos de tiempo de veinticuatro horas. Estos simbolizan el momento psicológico en que es fijado un estado subjetivo definido. Estos seis días de trabajo son experiencias subjetivas y consecuentemente, no pueden ser medidas por el tiempo sideral porque el verdadero trabajo de fijar un estado psicológico definido se hace en la conciencia. El tiempo que pasas conscientemente definiéndote como aquello que deseas ser, es la medida de estos seis días.

Un cambio de conciencia es el trabajo hecho en estos seis días creativos; un ajuste psicológico, que no es medido por el tiempo sideral, sino por un logro real (subjetivo). Así como la vida, en retrospectiva, es medida no por los años sino por el contenido de esos años, así también es medido este intervalo psicológico - no por el tiempo usado para hacer el ajuste, sino por el logro de ese intervalo.

El verdadero significado de seis días de trabajo (creación) es revelado en el misterio de Vau, la cual es la sexta letra en el alfabeto hebreo y la tercera letra en el nombre divino – Yod He Vau He.

Como lo expliqué previamente en el misterio del nombre de Jehová, Vau significa clavar o unir. El creador es unido a su creación a través del sentimiento; y el tiempo que te lleva a ti fijar un sentimiento definido, es la verdadera medida de estos seis días de creación.

Separarte mentalmente de tu mundo materializado y unirte a tu estado subjetivo, a través del secreto de sentir, es la función de la sexta letra del alfabeto hebreo Vau, o los seis días de trabajo. Siempre hay un intervalo entre la impresión fijada o estado subjetivo y la expresión exteriorizada de ese estado. El intervalo se llama el Sabbat o día de reposo. El día de reposo, es el descanso mental que sigue luego de la fijación del estado psicológico; es el resultado de tus seis días de trabajo. "El día de reposo fue hecho para el hombre" [Marcos 2: 27]. Este descanso mental que viene luego de una exitosa impregnación consciente, es el periodo de embarazo mental; un periodo que fue hecho con el propósito de incubar la manifestación. Fue hecho para la manifestación, no la manifestación hecha para el.

Automáticamente tú guardas el Sabbat, el día de reposo - un periodo de descanso mental - si tienes éxito en lograr tus seis días de trabajo. No puede haber un día de reposo, ni un séptimo día, ni un periodo de descanso mental, hasta que hayan terminado los seis días - hasta que se logre el ajuste psicológico y la impresión mental sea hecha completamente.

El hombre es advertido de que si falla en guardar el Sabbat, si falla en entrar en el descanso de Dios, él también fallará en recibir la promesa - él fallará en realizar sus deseos. El motivo de esto es simple y obvio. No puede haber descanso mental hasta que sea hecha una impresión consciente. Si un hombre falla en impresionar completamente sobre sí mismo el hecho de que ahora tiene aquello que hasta el momento deseaba poseer, él continuará deseándolo y, por lo tanto, el no estará mentalmente en reposo o satisfecho.

Por otro lado, si él logra exitosamente hacer este ajuste consciente de modo que al salir del periodo de silencio o de sus seis días de trabajo subjetivo, él sabe por su sentimiento que ya tiene la cosa deseada, entonces él automáticamente entra en el Sabbat o el periodo de reposo mental.

El embarazo sigue a la impregnación. El hombre no continúa deseando aquello que ya ha obtenido. El Sabbat puede ser guardado como un día de reposo sólo después que el hombre exitosamente se hace consciente de ser aquello que antes de entrar en el silencio, deseaba ser. El día de reposo es el resultado de los seis días de trabajo.

El hombre que conoce el verdadero significado de estos seis días de trabajo, se da cuenta que la observación de un día en la semana como un día de silencio físico, no es guardar el Sabbat. La paz y el silencio del Sabbat sólo pueden ser experimentados cuando el hombre ha tenido éxito en hacerse consciente de ser aquello que desea ser. Si él falla en hacer esta impresión consciente, él ha fallado al blanco; él ha pecado, porque pecar es errar al blanco - es fallar en nuestro objetivo; es un estado en el cual no tienes paz mental.

"Si yo no hubiera venido ni les hubiera hablado, no tendrían pecado" [Juan 15: 22].

Si al hombre no se le hubiese presentado un estado ideal al cual apuntar, un estado el cual desear y obtener, él hubiese quedado satisfecho con lo que le tocó en la vida y nunca hubiese conocido el pecado.

Ahora que el hombre sabe que sus capacidades son infinitas, ahora que sabe que trabajando seis días o haciendo el ajuste psicológico él puede realizar sus deseos, él no estará satisfecho hasta que logre cada uno de sus objetivos. Con el verdadero conocimiento de estos seis días de trabajo, él definirá su objetivo y comenzará a hacerse consciente de ya serlo. Cuando esta impresión consciente es hecha, es automáticamente seguida por un periodo de reposo mental, un periodo que el místico llama Sabbat, un intervalo en el cual la impresión consciente será gestada y expresada físicamente. La palabra será hecha carne. Pero ese no es el final.

El Sabbat o reposo, que será interrumpido por la encarnación de la idea, tarde o temprano dará lugar a otros seis días de trabajo cuando el hombre define otro objetivo y comienza un nuevo acto de definirse a sí mismo como aquello que él desea ser.

El hombre ha sido sacudido de su sueño por medio del deseo y no podrá encontrar descanso hasta que realice su deseo. Pero antes de que él pueda entrar en el reposo de Dios, o guardar el Sabbat, antes de que él pueda caminar sin miedo y en paz, él debe convertirse en un buen tirador espiritual y aprender el secreto de darle al blanco o trabajar seis días - el secreto por el cual él deja ir al estado materializado y se ajusta al subjetivo.

Este secreto fue revelado en el nombre Divino, Jehová, y asimismo en la historia de Isaac bendiciendo a su hijo Jacob. Si el hombre aplica la fórmula tal como se revela en estos dramas de la biblia, él siempre apuntará en el blanco, porque él sabrá que sólo se entra al reposo mental o el Sabbat cuando logra con éxito hacer el ajuste psicológico.

La historia de la crucifixión dramatiza hermosamente estos seis días (periodo psicológico) y el séptimo día de descanso.

Fue escrito que era la costumbre de los judíos liberar a alguien de la prisión en la fiesta de Pascua y que se les dio la elección de liberar a Barrabás el ladrón, o a Jesús el salvador. Y ellos clamaron "Libera a Barrabás" [Juan 18: 40]. Por lo que Barrabás fue liberado y Jesús fue crucificado.

Luego fue escrito que Jesús el Salvador fue crucificado en el sexto día, enterrado o sepultado en el séptimo, y resucitado en el primer día.

El salvador en tu caso, es lo que te salvaría de aquello de lo que no eres consciente de ser, mientras que Barrabas el ladrón es tu presente concepto de ti mismo que te roba aquello que te gustaría ser.

Al definir a tu salvador tú defines aquello que te salvaría, pero no cómo serías salvado. Tu salvador o deseo, tiene maneras que tú no conoces; sus maneras van más allá de nuestro entendimiento. Cada problema revela su propia solución. Si tú estuvieras en prisión, desearías automáticamente ser libre. La libertad, por lo tanto, es la cosa que te salvaría. Éste es tu salvador.

Habiendo descubierto tu salvador, el próximo paso en este gran drama de la resurrección es liberar a Barrabás, el ladrón – el presente concepto de ti mismo - y crucificar a tu salvador o fijar la consciencia de ser o tener aquello que te salvaría.

Barrabás representa tu problema presente. Tu salvador es aquello que te liberaría de ese problema. Tú liberas a Barrabás al sacar tu atención del problema - sacarla de tu sentido de limitación - porque te roba de la libertad que buscas. Y crucificas a tu salvador al fijar un estado psicológico definido sintiendo que ya eres libre de la limitación del pasado.

Tú niegas la evidencia de los sentidos y comienzas a sentir subjetivamente la alegría de ser libre. Tú sientes este estado de libertad tan real que exclamas: "Soy Libre"; "Está consumado".

La fijación de este estado subjetivo - la crucifixión - toma lugar en el sexto día. Antes de que el sol se ponga en este día tú debes haber completado la fijación sintiendo - "Así es" - "Está consumado".

El conocimiento subjetivo es seguido por el Sabbat o el reposo mental. Tú serás como aquel que es enterrado o sepultado porque tú sabrás que no importa qué tan montañosas sean las barreras, qué tan impenetrables parezcan ser las paredes, tu salvador crucificado y enterrado (tu presente fijación subjetiva) se resucitará a sí mismo.

Al guardar el Sabbat un periodo de descanso mental, al asumir la actitud mental que sería tuya si ya estuvieras expresando visiblemente esta libertad, tú recibirás la promesa del Señor, porque la Palabra será hecha carne - la fijación subjetiva se encarnará a sí misma. "Y en el séptimo día reposó Dios de todas sus obras." [Hebreos 4: 4].

Tu conciencia es Dios descansando en el conocimiento de que "Está bien" - "Está consumado". Y tus sentidos físicos confirmarán que así es, porque vendrá el día que lo revelará.

CAPÍTULO 6

SANACIÓN

La fórmula para la cura de la lepra como se revela en el capítulo catorce del libro de Levítico, es de lo más iluminadora vista a través de los ojos de un místico. Esta fórmula puede ser prescrita como la positiva cura de cualquier enfermedad en el mundo del hombre, ya sea física, mental, financiera, social, moral - lo que sea.

No importa la naturaleza de la enfermedad o su duración, porque la fórmula puede ser exitosamente aplicada a cualquiera de ellas.

Aquí está la fórmula que fue escrita en el libro de Levítico: "El sacerdote mandará que se tomen dos avecillas vivas y limpias… y el sacerdote mandará a matar una avecilla… en cuanto a la avecilla viva, la tomará y la mojará en la sangre de la avecilla muerta; y rociará siete veces a quien va a ser purificado de la lepra y lo declarará limpio. Entonces, soltará la avecilla en campo abierto…" [Levítico 14: 4 -7].

La aplicación literal de esta historia sería estúpida e infructífera, mientras que, por otro lado, la aplicación psicológica de esta fórmula es sabia y fructífera.

Un ave es el símbolo de una idea. Cada hombre que tiene un problema o desea expresar otra cosa de lo que ahora está expresando, se podría decir que tiene dos avecillas. Estas dos avecillas o concepciones pueden ser definidas de esta manera: La primera avecilla es tu presente concepto de ti mismo, exteriorizado; es la descripción que darías si se te preguntara cómo te defines a ti mismo - tu condición física, tus ingresos, tus obligaciones, tu nacionalidad, familia, raza, etc. Tu respuesta sincera a estas preguntas estaría basada únicamente en la evidencia de tus sentidos y no sobre ninguno de tus deseos. Este verdadero concepto de ti mismo (basado completamente en las evidencias de tus sentidos) define la primera avecilla.

La segunda avecilla, es definida por la respuesta que desearías poder dar a estas preguntas de autodefinición. En pocas palabras, estas dos aves pueden ser definidas como aquello que eres consciente de ser y aquello que desearías ser.

Otra definición de estas dos aves, podría ser: la primera - tu problema presente, cualquiera sea su naturaleza, y la segunda - la solución a ese problema. Por ejemplo: Si tú estuvieras enfermo, la salud sería la solución. Si estuvieras en deuda, la libertad de deuda sería la solución. Si tuvieras hambre, la comida sería la solución. Como habrás notado, el cómo o la manera en que se realiza la solución, no es considerado. Sólo se consideran, el problema y la solución.

Cada problema revela su propia solución. Para la enfermedad es la salud; para la pobreza es la riqueza; para la debilidad es fortaleza, para el encarcelamiento es la libertad.

Estos dos estados, entonces, tu problema y su solución, son las dos avecillas que traes al sacerdote. Tú eres el sacerdote que ahora realiza el drama de la curación del hombre leproso - tú y tu problema. Tú eres el sacerdote; y con la fórmula para la cura de la lepra, tú ahora te liberas a ti mismo de tu problema.

Primero: Toma una de las avecillas (tu problema) y mátala extrayendo su sangre. La sangre es la conciencia del hombre. "Y de una sangre ha hecho todo el linaje de los hombres, para que habiten sobre toda la faz de la tierra" [Hechos 17: 26].

Tu conciencia es la única realidad que anima y hace real aquello de lo que tú eres consciente de ser. Así que quitar tu atención de los problemas es equivalente a extraer la sangre del ave. Tu conciencia es la única sangre que hace de todos los estados realidades vivientes. Al remover tu atención de cualquier estado, tú has drenado la vida de ese estado. Tú matas o eliminas la primera avecilla, (tu problema) al remover tu atención de el. En esta misma sangre (tu conciencia) tú bañas la avecilla viva (la solución), o aquello que hasta ese momento tú deseabas ser o poseer. Esto lo haces liberándote a ti mismo, para ser ahora el estado deseado.

La inmersión de la avecilla viva en la sangre del ave muerta, es similar a la bendición de Jacob dada por su padre ciego Isaac. Como recordarás, Isaac era ciego y no podía ver su mundo materializado, su hijo Esaú. Tú también eres ciego a tu problema – la primera avecilla - porque tú has removido tu atención de el y por lo tanto no lo ves. Tu atención (la sangre) ahora está situada en la segunda ave (estado subjetivo), y tú sientes y percibes la realidad de el.

Se te dice que rocíes siete veces al que debe ser limpiado. Esto significa que tú debes habitar dentro del nuevo concepto de ti mismo hasta que mentalmente entres en el séptimo día (el día de reposo); hasta que la mente esté quieta o fija en la creencia de que tú estás realmente expresando o teniendo aquello que deseas ser o tener. A la séptima rociada se te instruye que dejes libre a la avecilla viva y pronuncies que el hombre ya está limpio.

A medida que impresionas completamente sobre ti mismo el hecho de que ya eres aquello que deseas ser, tú te has rociado simbólicamente siete veces; entonces eres libre como el ave que fue liberada. Y como el ave en vuelo, que en poco tiempo deberá volver a la tierra, así también tus impresiones subjetivas o declaraciones deberán, en poco tiempo, materializarse en tu mundo.

Esta historia y todas las otras historias de la biblia, son obras psicológicas dramatizadas dentro de la conciencia del hombre.

Tú eres el alto sacerdote; tú eres el leproso; y tú eres esas aves.

Tu conciencia o Yo Soy es el alto sacerdote; tú, el hombre con el problema, eres el leproso. El problema - tu presente concepto de ti mismo - es la avecilla que es muerta; la solución del problema, lo que deseas ser, es la avecilla viva que es liberada.

Tú recreas este gran drama dentro de ti mismo al sacar tu atención de tu problema y situarla en aquello que deseas expresar. Tú impresionas sobre ti mismo el hecho de que ya eres aquello que deseas ser hasta que tu mente se aquieta en la creencia de que ya es así.

Vivir en la actitud mental fijada, vivir en la conciencia de que ya eres aquello que anteriormente deseabas ser, es el ave en vuelo, libre de las limitaciones del pasado y moviéndose hacia adelante a la encarnación de tu deseo.

CAPÍTULO 7

DESEO, LA PALABRA DE DIOS

"Así será mi palabra que sale de mi boca; no volverá a mí vacía sin haber realizado lo que deseo, y logrado el propósito para el cual la envié." [Isaías 55: 11].

Dios te habla por medio de tus deseos básicos. Tus deseos básicos son palabras de promesa o profecías que contienen dentro de sí mismos el plan y el poder de expresión.

Por deseos básicos me refiero a tus verdaderos objetivos. Los deseos secundarios tratan con la manera de realizarlos. Dios, tu Yo Soy, te habla a ti, el estado consciente condicionado, a través de tus deseos básicos. Los deseos secundarios o formas de expresión, son los secretos de tu Yo Soy, el Padre que todo lo sabe. Tu Padre - Yo Soy- revela el primero y el último - "Yo soy el principio y el fin" [Apocalipsis 1: 8; 22: 13]. Pero él nunca revela el medio o el secreto de sus maneras; es decir, el primero es revelado como la palabra, tu deseo básico. El último es su cumplimiento - la palabra hecha carne. El segundo, o el medio, (el plan de desarrollo), nunca es revelado al hombre, sino que permanece por siempre como el secreto del Padre.

"Yo advierto a todo aquel que oye las palabras de la profecía de este libro: Si alguno añadiere a estas cosas, Dios traerá sobre él las plagas que estan escritas en este libro. Y si alguno quitare de las palabras del libro de esta profecía, Dios quitará su parte de libro de la vida y de la ciudad santa, descritos en este libro. [Apocalipsis 22: 18- 19].

Las palabras de la profecía mencionadas en este libro de Apocalipsis, son tus deseos básicos que no deben ser condicionados. El hombre está constantemente añadiendo y quitando de estas palabras. Sin saber que estos deseos básicos contienen el plan y el poder de expresión, el hombre está siempre comprometiendo y complicando su deseo. Aquí hay una ilustración de lo que el hombre hace a la palabra de la profecía - sus deseos.

El hombre desea libertad de sus limitaciones o problemas. Lo primero que él hace luego de definir su objetivo, es condicionarlo sobre alguna cosa. Él comienza a especular sobre la manera de obtenerlo. Sin saber que la cosa deseada tiene su propia forma de expresarse, él comienza a planear cómo lo va a obtener, por lo tanto, añadiendo a la palabra de Dios.

Si, por otro lado, él no tiene ningún plan o concepción del cumplimiento de su deseo, entonces él compromete su deseo modificándolo. Él siente que si se conforma con menos que su deseo básico, él tendrá más posibilidades de realizarlo. Al hacer esto, él quita de la palabra de Dios. Individuos y naciones por igual están constantemente violando esta ley de su deseo básico al confabular y planear la realización de sus objetivos y de esta forma, ellos añaden a la palabra de la profecía, o la comprometen con sus ideales, por lo tanto, quitando de la palabra de Dios. El resultado inevitable es la muerte y plagas, o fracaso y frustración, como lo prometido por tales violaciones.

Dios habla al hombre sólo por medio de sus deseos básicos. Tus deseos son determinados por tu concepto de ti mismo. Por si solos, no son ni buenos ni malos. "Yo sé y estoy convencido en el Señor Jesús, de que nada es inmundo en sí; pero el que estima que algo es inmundo, para él lo es." [Romanos 14: 14].

Tus deseos son el resultado natural y automático de tu presente concepto de ti mismo.

Dios, tu conciencia incondicionada, es impersonal y no hace diferencia de personas.

Tu conciencia incondicionada -Dios- le da a tu conciencia condicionada - el hombre- a través de tus deseos básicos, aquello que tu estado condicionado (tu presente concepto de ti mismo) cree que necesita.

Mientras permanezcas en tu presente estado consciente, continuarás deseando aquello que ahora deseas. Cambia tu concepto de ti mismo y tú automáticamente cambiarás la naturaleza de tus deseos.

Los deseos son estados de conciencia buscando materializarse. Son formados por la conciencia del hombre y pueden ser fácilmente expresados por el hombre que los ha concebido.

Los deseos son expresados cuando el hombre que los ha concebido asume la actitud mental que tendría si el estado deseado ya hubiese sido expresado. Ahora, ya que los deseos, sin importar su naturaleza, pueden fácilmente ser expresados por actitudes mentales fijas, debe ser dada una palabra de advertencia para aquellos que todavía no hayan comprendido la unidad de la vida y para quienes no conozcan la verdad fundamental de que la conciencia es Dios, la única realidad.

Esta advertencia fue dada al hombre en la famosa Regla de Oro - "Así que, todo lo que quieran que la gente haga con ustedes, eso mismo hagan ustedes con ellos" [Mateo 7: 12].

Tú puedes desear algo para ti o puedes desear algo para otro. Si tu deseo es para otro, asegúrate que la cosa deseada es aceptable para ese otro. La razón de esta advertencia es que tu conciencia es Dios, el dador de todos los regalos. Por lo tanto, aquello que sientes y crees como verdad de otro, es un regalo que le has dado. Si el regalo no es aceptado, volverá a quien lo da.

Asegúrate entonces, que te encantaría poseer ese regalo para ti mismo, porque si fijas una creencia dentro tuyo como verdad de otro y él no acepta este estado como verdad de sí mismo, este regalo no aceptado se encarnará a sí mismo en tu mundo.

Siempre escucha y acepta como verdad de otros, aquello que tú desearías para ti mismo. Al hacerlo, estás construyendo el cielo en la tierra. "Todo lo que quieran que la gente haga con ustedes, eso mismo hagan ustedes con ellos", está basado en esta ley.

Sólo acepta como verdad de otros aquellos estados que tú con gusto aceptarías como verdad de ti mismo, para que siempre estés creando el cielo en la tierra. Tu cielo es definido por el estado de conciencia en el que tú vives, y tal estado está hecho de todo lo que tú aceptas como verdad de ti mismo y verdad de otros.

Tu entorno inmediato es definido por tu propio concepto de ti mismo, más tus convicciones respecto a otros que no han sido aceptadas por ellos. Tu concepto sobre otro - el cual no es su concepto de sí mismo - es un regalo que vuelve a ti. Las sugestiones que propagas son boomerangs, a menos que sean aceptados por aquellos a los que se los enviaste. Así que tu mundo es un regalo que tú te has dado a ti mismo.

La naturaleza de este regalo es determinada por tu concepto de ti mismo, más los regalos no aceptados que tú ofreciste a otros. No cometas ningún error sobre esto; la ley no hace diferencia de personas.

Descubre la ley de la autoexpresión y vive por ella; así tú serás libre. Con este entendimiento de la ley, define tu deseo; debes saber exactamente lo que quieres; asegúrate de que sea deseable y aceptable.

El hombre sabio y disciplinado no ve ninguna barrera para la realización de su deseo: él no ve nada que haya que destruir. Con una actitud mental fija, él reconoce que la cosa deseada ya ha sido completamente expresada, porque él sabe que un estado subjetivo fijado tiene maneras y medios para expresarse a sí mismo, que el hombre no conoce. "Antes de que clamen, yo responderé" [aprox. Isaías 65: 24], "Yo tengo maneras que tú no conoces"; "Mis caminos son inescrutables".

Por otro lado, el hombre indisciplinado constantemente ve oposición al cumplimiento de su deseo y a causa de su frustración, él forma deseos de destrucción que firmemente cree que deben ser expresados antes de que su deseo básico pueda realizarse. Cuando el hombre descubre esta ley de una sola conciencia, él entenderá la gran sabiduría de la Regla de Oro, y entonces vivirá por ella y se probará a si mismo que el reino de los cielos está en la tierra.

Tú te darás cuenta por qué debes "Hacer con otros lo que quieres que hagan contigo". Tú sabrás por qué debes vivir por esta Regla de Oro, porque descubrirás que hacerlo es una cuestión de sentido común, ya que esta regla está basada en la ley inmutable de la vida y que no hace diferencia de personas.

La conciencia es la única realidad. El mundo y todo lo que hay en el, son estados de conciencia materializados. Tu mundo es definido por tu concepto de ti mismo, más tus conceptos de otros - que no son los conceptos que ellos tienen de sí mismos.

La historia de la Pascua es para ayudarte a que le des la espalda a las limitaciones del presente y pases a otro estado mejor y más libre.

La sugerencia de "Sigue al hombre que lleva un cántaro de agua" [Marcos 14: 13; Lucas 22: 10], fue dada a los discípulos para guiarlos a la última cena o el festín de Pascua. El hombre con el cántaro de agua es el onceavo discípulo, Simón de Canaán, la disciplinada cualidad mental que sólo escucha los estados dignos, nobles y amables.

La mente que es disciplinada en escuchar solamente lo bueno, se deleita con buenos estados y así encarna lo bueno en la tierra.

Si tú también quieres asistir a la última cena - el gran festín de Pascua - entonces sigue a este hombre. Asume esta actitud mental simbolizada como el "hombre con el cántaro de agua", y vivirás en un mundo que es realmente el cielo en la tierra.

El festín de Pascua es el secreto de cambiar tu conciencia. Tú quitas tu atención de tu presente concepto de ti mismo y asumes la conciencia de ser aquello que deseas ser, y así pasas de un estado a otro.

Esta hazaña se logra con la ayuda de los doce discípulos, que son las doce disciplinadas cualidades de la mente [ver el libro "Tu fe es Tu Fortuna" por el mismo autor, capítulo 18].

CAPÍTULO 8

FE

"Y Jesús les dijo: Por la poca fe de ustedes; porque en verdad les digo que, si tienen fe como un grano de mostaza, le dirán a este monte: 'Pásate de aquí para allá', y se pasará; y nada les será imposible." [Mateo 17: 20].

Esta fe como un grano de mostaza, ha probado ser piedra de tropiezo para el hombre. Se le ha enseñado a creer que un grano de mostaza significa un pequeño grado de fe. Así que él naturalmente se pregunta por qué a él, un hombre maduro, le debería faltar esta insignificante porción de fe, cuando tan poca cantidad le aseguraría el éxito.

Se le ha dicho que "Fe", es "la certeza de lo que se espera, la convicción de lo que no se ve." [Hebreos 11: 1]. Y otra vez, "Por la fe... el universo fue preparado por la palabra de Dios, de modo que lo que se ve, fue hecho de lo que no se veía." [Hebreos 11: 3].

Las cosas invisibles fueron hechas visibles. El grano de mostaza no es la medida de una pequeña cantidad de fe. Por el contrario, es lo absoluto en la fe.

Un grano de mostaza es consciente de ser un grano de mostaza y sólo un grano de mostaza. No está consciente de ninguna otra semilla en el mundo. Está sellado en la convicción de que es una semilla de mostaza, de la misma manera que un espermatozoide sellado en el vientre es consciente de ser una persona y solamente una persona.

Un grano de mostaza es realmente la medida de fe necesaria para lograr todos tus objetivos; pero tal como el grano de mostaza, tú también debes perderte a ti mismo en la conciencia de ser solamente la cosa que deseas.

Tú permaneces dentro de este estado sellado, hasta que brote y te revele tu consciente afirmación.

La fe es sentir o vivir en la conciencia de ser la cosa deseada; la fe es el secreto de la creación, el Vau en el nombre Divino: Yod He Vau He; la fe es el Cam de la familia de Noé; la fe es el sentido del tacto por el cual Isaac bendijo e hizo real a su hijo Jacob. Por la fe Dios - tu conciencia- llamó a las cosas que no existían como si existiesen y las hizo visibles.

Es la fe lo que permite que te hagas consciente de ser la cosa deseada; otra vez digo que, es la fe lo que te sella en este estado consciente hasta que tu afirmación invisible llega a madurar y se expresa a sí misma, se hace visible. La fe o sentir, es el secreto de esta apropiación. A través del sentir, la conciencia que desea es unida a la cosa deseada. ¿Cómo te sentirías si ya fueras aquello que deseas ser?

Vístete de ese estado de ánimo, ese sentimiento que sería tuyo si ya fueras aquello que deseas ser; y en poco tiempo tú serás sellado en la creencia de que ya lo eres. Luego, sin esfuerzo, este estado invisible se materializará a sí mismo; lo invisible será hecho visible.

Si tuvieras la fe de un grano de mostaza, tú a través de la sustancia mágica de sentir, te sellarías a ti mismo en la conciencia de ser aquello que deseas ser. Tú permanecerías en esta quietud mental o estado como de tumba, confiado en que no necesitas a nadie para remover la piedra; porque todas las montañas, las piedras y los habitantes de la tierra, "Son como la nada delante de ti" [Isaías 40: 17].

Aquello que ahora reconoces como verdad de ti mismo (tu presente estado de conciencia) actuará conforme a su naturaleza entre todos los habitantes de la tierra y ninguno podrá detenerlo y decirle: "¿Qué has hecho?" [Daniel 4: 35]. Nadie puede detener este estado consciente en el cual estás sellado para encarnarse a sí mismo, ni preguntar sobre su derecho a ser.

Este estado consciente cuando es propiamente sellado por la fe, es la Palabra de Dios, Yo Soy, porque el hombre permanece diciendo: "Yo Soy esto y lo otro", y la Palabra de Dios (mi estado consciente fijado) es espíritu y no puede volver a mi vacía, sino que debe cumplir aquello para lo cual la envié. La palabra de Dios (tu estado consciente) debe encarnarse a sí misma para que tú sepas que: "Yo Soy el Señor y no hay otro Dios fuera de mi" [Isaías 45: 5]. "Y el verbo se hizo carne y habitó entre nosotros" [Juan 1: 14], y: "Él envió su palabra y los sanó" [Salmos 107: 20].

Tú también puedes enviar tu palabra, la Palabra de Dios, y sanar a un amigo. ¿Hay algo que quisieras escuchar de un amigo? Define ese algo que a él le encantaría ser o poseer. Ahora con tu deseo propiamente definido tú tienes la Palabra de Dios. Para enviar esta Palabra en su camino, para hablar esta palabra hasta que sea, tú simplemente haces esto: Siéntate tranquilamente donde estás y asume la actitud mental de escuchar; recuerda la voz de tu amigo; con esta voz familiar establecida en tu conciencia, imagina que tú estás realmente escuchando su voz y él te está diciendo que él es o posee aquello que tu querías que fuera o tuviera.

Impresiona sobre tu conciencia el hecho de que tú realmente lo escuchaste y que él te dijo lo que tú querías oír; siente la emoción de haberlo escuchado. Luego déjalo completamente. Este es el secreto del místico para enviar las palabras a su expresión - para hacer la palabra en carne. Tú formas dentro tuyo la palabra, la cosa que quieres escuchar: luego tú escuchas, y lo dices a ti mismo. "Habla, Señor, que tu siervo escucha." [1 Samuel 3: 9-10].

Tu conciencia es el Señor hablando a través de la familiar voz de un amigo e impresionando sobre ti mismo aquello que tú deseas escuchar. Esta autoimpregnación, el estado impresionado sobre ti mismo, la Palabra, siempre tiene medios y maneras para expresarse a sí mismo que ningún hombre conoce. Cuando logras con éxito hacer esta impresión, tú permanecerás inmóvil a las apariencias porque esta autoimpresión está sellada como un grano de mostaza y a su debido tiempo madurará hasta expresarse por completo.

CAPÍTULO 9

LA ANUNCIACIÓN

El uso de la voz de un amigo para impregnarse a uno mismo con el estado deseado, es hermosamente contado en la historia de la Inmaculada Concepción.

Fue escrito que Dios envió a un ángel a María para anunciar el nacimiento de su hijo. "Y el ángel le dijo a ella... Concebirás en tu vientre y darás a luz un hijo... Entonces María preguntó al ángel: ¿Cómo será esto? pues no conozco varón. Y el ángel le respondió: El Espíritu Santo vendrá sobre ti y el poder del Altísimo te cubrirá con su sombra; por lo cual también el Santo Ser que va a nacer será llamado Hijo de Dios... Pues para Dios nada es imposible." [Lucas 1: 30-37].

Esta es la historia que ha sido contada por siglos por todo el mundo, pero al hombre no se le dijo que fue escrita respecto a él mismo, por lo tanto, ha fracasado en recibir el beneficio que intentaba darle.

La historia revela el método por el cual la idea o la Palabra fue hecha carne. Se nos dijo que Dios germinó o engendró una idea, un hijo, sin la ayuda de otro. Luego él puso su idea germinal en el vientre de María con la ayuda de un ángel, quien hizo la anunciación y la impregnó con la idea. No hay ningún método más simple que haya sido escrito de la conciencia impregnándose a sí misma, que el que encontramos en la historia de la Inmaculada Concepción.

Los cuatro personajes en este drama de la creación son, el Padre, el Hijo, María y el Ángel. El Padre simboliza tu conciencia; el Hijo simboliza tu deseo; María simboliza tu actitud mental receptiva; y el Ángel simboliza el método usado para hacer la impregnación.

El drama se desarrolla de esta manera. El Padre engendra a un Hijo sin la ayuda de otro. Tú defines tu objetivo - tú clarificas tu deseo sin ayuda o sugerencia de otro.

Luego el Padre selecciona al ángel que está mejor calificado para llevar a María este mensaje o posibilidad germinal. Tú seleccionas a la persona en tu mundo que estaría sinceramente emocionada de ser testigo del cumplimiento de tu deseo.

Luego María se entera a través del ángel que ella ya ha concebido un Hijo sin ayuda de un hombre. Tú asumes una actitud mental receptiva, una actitud de escucha, e imaginas que estás escuchando la voz del que tú has elegido para que te diga lo que deseas saber. Imagina que él te dice que tú ya eres y ya tienes aquello que deseas ser y tener. Tú permaneces en este estado receptivo hasta que sientes la emoción de haber escuchado las buenas y maravillosas noticias.

Entonces, como María en la historia, tú continuas tu asunto en secreto sin decirle a nadie de esta maravillosa e inmaculada autoimpregnación, confiando que a su debido tiempo tú expresarás esta impresión.

El Padre genera la semilla o posibilidad germinal de un Hijo, pero en una impregnación artificial; él no transmite el espermatozoide de sí mismo al vientre. Él lo lleva por otro medio.

La conciencia deseando, es el Padre generando la semilla o idea. Un deseo clarificado es la semilla perfectamente formada o el Hijo Unigénito. Esta semilla luego es llevada del Padre (la conciencia deseando) a la Madre (la conciencia de ser y tener el estado deseado).

Este cambio en la conciencia es logrado por el ángel o la voz imaginaria de un amigo diciéndote que tú ya has logrado tu objetivo.

El uso de un ángel o la voz de un amigo para hacer la impresión consciente, es la forma más corta, más segura y más certera de ser autoimpregnado.

Con tu deseo propiamente definido, tú asumes la actitud de escuchar. Imagina que estás escuchando la voz de un amigo; luego haz que él te diga (imagina que él te está diciendo), cuán afortunado eres por haber realizado completamente tu deseo.

En esta actitud mental receptiva tú estás recibiendo el mensaje de un ángel; tú estás recibiendo la impresión de que tú eres y tienes aquello que deseas ser y tener. La exaltación emocional de haber escuchado aquello que deseas escuchar es el momento de la concepción. Es el momento en que quedas autoimpregnado, el momento que tú realmente sientes que ahora ya eres o tienes aquello que anteriormente deseabas ser o poseer.

A medida que emerges de esta experiencia subjetiva, tú, tal como María en la historia, sabrás por tu cambio de actitud mental, que has concebido un Hijo; que tú has fijado un estado subjetivo definido y que, en poco tiempo, expresarás o materializarás este estado.

Este libro ha sido escrito para mostrarte cómo lograr tus objetivos. Aplica el principio aquí expresado y ni todos los habitantes de la tierra podrán impedir que realices tus deseos.

Fin

ANEXO

"LIBERTAD"
Conferencia realizada por
Neville en el año 1968

LIBERTAD

28 octubre 1968

Cuando se le preguntó: "¿Cuál es el más grande de todos los mandamientos?" Dios respondió: "Escucha, oh Israel, el Señor nuestro Dios, el Señor es uno".

Acepta este mandamiento. Vive por el y serás libre de todas las causas secundarias. Solo hay un Dios. Él es el Padre de todos nosotros, quien está por encima de todo, a través de todos y en todos. Él es una individualidad universalmente difundida, cuyo nombre es por siempre Yo Soy. Es posible que no seas consciente de quién eres, qué eres o dónde estás; pero al ser consciente, mentalmente estás diciendo Yo Soy. Todo ser consciente dice Yo Soy; y si solo hay un Yo Soy, entonces Yo Soy un individuo - difundido. Yo Soy la única causa de todo lo que es. Todas las cosas fueron hechas a través de la imaginación y sin conciencia nada de lo que ha sido hecho, fue hecho.

En el capítulo 8 de Mateo, uno de los milagros de las Escrituras se registra como una parábola actuada. Se dice que cuando entró en la barca, él se quedó dormido y surgió una gran tempestad; entonces ellos lo despertaron diciendo: "Señor, perecemos, sálvanos". Y él dijo: "¿Por qué temen, hombres de poca fe?" Entonces se levantó y reprendió a los vientos y al mar, y hubo una gran calma. Si hay solo una causa, entonces el que sofocó el viento y el mar, es el que causó la tempestad. No puede haber otro. Si hay confusión en tu vida y la resuelves en tu imaginación, y el mundo da testimonio de lo que has hecho, tú causaste el cambio. Y ya que no hay otra causa, entonces ¿no causaste también la confusión? Hay solo un Dios y Padre de todos nosotros, que está por encima de todo, a través de todos y en todos. Si él está en cada ser que dice que Yo Soy, y hay un solo Dios, nadie puede acusar a otro; porque el nombre de Dios no es: él es, sino yo soy. No importa lo que aparezca en el exterior, yo soy su causa. Asume toda la responsabilidad por las cosas que observas y si no te gusta lo que ves, debes saber que tienes el poder de cambiarlas. Luego ejercita ese poder y observarás el cambio que causaste. Si realmente estás dispuesto a asumir esa responsabilidad, eres libre.

Si esta individualidad universal difundida está en todo, entonces la encarnación debe considerarse bajo una luz diferente. Nos enseñaron que la encarnación tuvo lugar hace dos mil años por un individuo único, que era el Dios encarnado. Pero te digo que la humanidad es la encarnación. La figura central, personificada como Jesucristo, es la figura arquetípica perfecta que todos debemos expresar. Él es llamado el verdadero testigo, el primogénito de los muertos. Ahora, encarnado en tu cuerpo de carne y hueso, tú estás muerto en el sentido de que has olvidado que eres el creador de todas las cosas, y no te ves creando nada de lo que observas. El periódico de la mañana cuenta lo que ella, él y ellos están haciendo, y no puede relacionar sus acciones con nada de lo que tú has hecho; sin embargo, solo hay una causa, un solo Dios, que reside en ti como tu conciencia, tu propia maravillosa imaginación humana.

La parábola nos dice que Dios entró en una barca y se quedó dormido. La humanidad es esa barca, el arca donde Dios Padre crea mientras él duerme. A pesar de que no conoces a las personas sobre las que lees, si la lectura te molesta, tú eres la causa de ese conflicto. Toda imaginación, yo estoy soñando, causando la desgracia y la infelicidad de aquellos cuyas vidas he tocado con sentimiento.

Cuando despiertas y recuerdas tu sueño, ¿siempre conoces a la gente allí? ¿Conoces a los niños que fueron tuyos en el sueño? ¿La gente que te asustó? Tú nunca los viste antes, entonces, ¿cómo podrían ser otros que lo que tú causaste? Tú no los reconoces, aun así, tú - el soñador- hiciste que ellos hicieran lo que hicieron. Lo mismo es cierto aquí. Si las acciones de un aparente otro causan una respuesta motora en ti, aunque no lo conozcas, tu conciencia es la causa de la tempestad. Pero cuando despiertes, la memoria volverá y habrá una maravillosa calma.

Dios, la individualidad difundida universalmente, está dormida en todos. Su trascedente revelación es personificada como uno llamado Jesucristo. Por lo tanto, la personificación despierta en ti la memoria de quién es realmente Dios el Padre. Dios no rompió el Yo Soy y nos dio a cada uno una porción de sí mismo. Él le dio a cada uno, individualmente, todo su ser. Yo no puedo estar dividido, y yo soy Dios Padre. Si aún no has descubierto esto, todavía estás dormido.

Para descubrir tu paternidad debes encontrar al hijo de Dios, predicho que es tuyo. Mientras duermes en el estado de Saúl, no lo reconoces; y cuando preguntas: "¿De quién eres hijo, joven?", él responde: "Yo Soy hijo de Isaí, el yo soy". Cuando despiertas y reconoces al hijo de Dios, David, ¿no eres Isaí? ¿No eres Dios, cuyo nombre por siempre y para siempre es Yo Soy?

David debe revelársete a ti; sin embargo, tú eras su padre antes de que te durmieras. Ahora, soñando tu vida, luchas contra aparentes otros, llamándolos demonios y Satanás. Tú dotas a tu mundo de sombras con causalidad, convirtiéndote así en un ser dividido, cuando Dios no está dividido. No hay diablo. No existe

Satanás. No hay un ser fuera de tu maravillosa imaginación humana.

"Yo, Yo Soy él. Yo hago morir y yo hago vivir. Yo hiero y curo; y nadie puede librarse de mi mano". (Deuteronomio 32:39)" Yo soy el Señor y no hay otro Dios. Yo formo la luz y creo las tinieblas. Yo hago la paz y creo la adversidad. Yo soy el Señor y no hay otro, fuera de mí no hay Dios" (Isaías 45: 5-7).

El que crea el mal, crea el bien, la paz y las adversidades, la luz y las tinieblas. El que mata, el que hace vivir, el que hiere, el que sana, y no hay otro Dios. Si realmente crees que tú eres de quien se habla aquí, que eres tú quien crea el mal, el bien, la paz y la adversidad; que nadie se puede librar de tu mano, entonces eres libre. Nunca volverás a creer que hay otro, sino que sabes que tu vida es autocreada. Que tú creas las tormentas, así como la paz y la calma. Ya no creerás, que él o ella lo hicieron, porque los reconocerás como reflejos, reflejando la tormenta, o la paz y la calma, dentro de ti.

Habiendo entrado en la barca (llamada el arca), Dios se quedó dormido y allí permanece hasta que la paloma le dice que el diluvio de la ilusión ha terminado. Dramatizada como una parábola actuada, se dice que Noé extendió su mano y llevó la paloma al arca con él. Esta es una imagen hermosa y verdadera. En mi visión, la paloma descendió a través de lo que parecía ser agua cristalina. Él parecía flotar, usando sus alas como un cisne. Iluminando mi dedo extendido, me bañó de besos cuando la visión llegó a su fin.

Porque cada uno es Dios entero, todos personificarán el ejemplar arquetípico perfecto llamado Jesucristo. Perdidos en la confusión, sin saber que la humanidad es la encarnación, los hombres piensan en este ejemplar arquetípico como el Dios encarnado. Sin embargo, el único gran mandamiento es: "Escucha, oh Israel, el Señor nuestro Dios, el Señor es uno". La palabra Israel significa: el hombre que gobierna, no como un Dios, sino como Dios porque sabe que él es Dios. Y la palabra traducida "Señor" es Yo Soy. Ahora déjame traducirlo para ti: Escucha, oh hombre que gobierna como Dios, el Yo Soy, nuestro Yo soy es un Yo Soy. No somos un grupo de pequeños yo soy. Nuestro Yo Soy es el único YO SOY, que es Dios el Padre. Si esto es verdad, entonces Dios no puede ser dividido; y todo él está dondequiera que tú estés, dondequiera que yo esté. No hay él, ella, o ellos, en Yo Soy.

Si aceptas esto completamente, te liberarás. Es posible que no veas de inmediato el efecto de lo que has hecho en tu imaginación; pero debe venir, porque no hay otro creador que lo detenga. Todas las cosas se hacen a través de la conciencia, y sin ella nada de lo que ha sido hecho, fue hecho. Es la imaginación quien dice: "Yo hago morir y hago vivir, yo hiero y sano. Yo formo la luz y creo las tinieblas. Yo formo lo malo y hago lo bueno, la paz y las adversidades; y no hay otro ".

Cuando los jesuitas hablan de Satanás, diablos y demonios, es porque no conocen el mandamiento más grande. Todos los Diez Mandamientos se basan en la negación "no debes", excepto uno, que es: "Ama a tu padre y a tu madre". El mandamiento que se encuentra en el capítulo 6 de Deuteronomio, contiene todos los Diez Mandamientos en una presentación completamente diferente como: "Escucha, oh Israel, el Señor nuestro Dios, el Señor es uno".

Tal vez no puedas aceptar mis palabras ahora. Tal vez sientas la necesidad de culpar a otro, de tener un chivo expiatorio y de creer que la causa es algo que comiste o bebiste, pero ¿por qué lo hiciste? ¿Qué te hizo hacer exactamente lo que hiciste? Una perturbación en ti. La tempestad en ti causó que la glándula se descompusiera. La glándula no puede ser la causa de tu angustia, pero tu sueño sí puede. El mundo, sin saber la única causa, intentará encontrar algo en el exterior; pero no hay causa secundaria.

Esta semana recibí una carta de una señora que compartió este autorevelador sueño, diciendo: - "Estoy en un lugar totalmente desprovisto de comodidad. No hay cortinas en las ventanas ni alfombras en el suelo. Mis hijos, con overoles limpios, están sentados en sillas con respaldos contra una pared, mientras que mis hijas, con largos vestidos de algodón almidonados, están frente a ellos. Se parecen mucho a los niños cuáqueros, aquí mis hijos parecen no tener emociones, sin sentimientos ni habilidades creativas. Estamos esperando por el padre. Un joven entra con un mensaje que indica que el trabajo que había que hacer en los niños, está terminado y, por lo tanto, el padre no va a regresar.

Entonces la escena cambia y estamos en una casa de campo. Miro por la ventana y veo campos de grano dorado maduros para la cosecha. Mi hijo mayor, ahora radiantemente feliz, entra corriendo a la casa y exclama que por primera vez ha creado para sí mismo. Su entrada fue mágica, transformando la habitación, ya que todos mis hijos comienzan a usar sus talentos: crear, reír, animarse y estar vivos. Antes, como autómatas, solo habían obedecido al padre ejecutando su voluntad; pero ahora que su trabajo está terminado, él se ha retirado y se han convertido en creadores en sí mismos".

Qué hermosa experiencia. Ella vio el mundo en una forma en miniatura. La retirada del padre se registra como su muerte. Él nos dice: A menos que yo muera, tú no puedes vivir, pero si muero, resucitaré y tú conmigo. Un momento y ya no me verás más; de nuevo un momento, y me verás como a ti mismo. Habiéndose retirado para morar en el interior, es desde allí que te mueves, y no desde el exterior.

Todo lo que yo - el padre- soy, sabrás que tú eres. Si Dios es el padre de toda vida, entonces tú eres el padre. Si él es un creador, tú eres un creador. Lo que sea que Dios es, sabrás que tú eres.

Ahora, Dios sale del desierto con señales e interrogaciones. El signo más destacado es el de la serpiente ardiente, porque todos los que la miran, viven. Cuando comienza su viaje fuera de Egipto, la serpiente ardiente es liberada cuando la cortina se rasga de arriba a abajo y todas las rocas se dividen. Estás destinado a cumplir las Escrituras y, como yo, saber por experiencia personal que eres Dios el Padre. Yo he compartido mis visiones contigo, contándote lo verdadera y maravillosa que es la historia de las Escrituras y que solo hay una forma de salvación. Aunque se han escrito innumerables volúmenes que te brindan muchas formas de redención, solo hay una. Yo soy el camino, y no hay otro camino.

Mateo cuenta la historia de su despertar en forma dramática. Afirmando que ellos se despertaron diciendo: "Señor, perecemos, sálvanos". Es el viento sobrenatural lo que te despierta, y tú eres su causa. Despertando dentro de tu barca (tu arca), lo dejas atrás cuando entras en un mundo completamente diferente como Dios el Padre. Habiéndote impuesto a propósito la restricción de la muerte, sabiendo que tú tenías el poder y la sabiduría para vencerla, tú te acostaste y te dormiste en el arca. Y cuando se cumple el tiempo, despiertas dentro de esa arca, sales y eres testigo del simbolismo de tu nacimiento desde arriba. Unos meses después, cumples el Salmo 89 cuando encuentras a David y tu memoria regresa.

En el Libro de Samuel, Saúl el rey, enloquecido, hizo una promesa que cualquiera que derribara al gigante, la oposición a Israel, él liberaría a su padre. Esto se hace descubriendo al padre del hijo. Entonces Saúl le pide a David que identifique a su padre, y David dice: "Yo Soy el hijo de Isaí, el Yo Soy". Así, el padre queda en libertad cuando David derriba al gigante quien, en tu sueño de muerte, se opone a ti y tu memoria regresa en cuanto a quién eres realmente.

Aunque yo respondo a un nombre terrenal y firmo mis cheques con el, yo sé quién soy. Puedo decirte quién soy yo con la esperanza de que me creas; pero en verdad, solo me dirijo a mí mismo, porque Yo estoy en ti y tú estás en mí, y nosotros somos uno. Todos tendrán la misma experiencia y al final, todos regresaremos al único cuerpo, único Espíritu, único Señor y único Dios y Padre. Todos regresaremos de la marcha victoriosa a través de la muerte como el mismo Dios, pero expandidos más allá de nuestros sueños más sorprendentes, debido a esta excursión de la mente a un mundo de muerte, que parecía tan definitivo.

Yo no puedo prometer que si aceptas esto cien por ciento, mañana no tendrás un dolor de cabeza o que tu jefe no te despedirá. Pero si aceptas esto, sabrás que tu jefe no tuvo otra opción al respecto. Sabrás que tú causaste el despido. Tal vez tus sueños trascendieron tu limitada posición actual en ese negocio y solo siendo despedido se podrían realizar.

Un día me despidieron de J. C. Penney Co. Trabajando durante un año y medio manejando su ascensor y siendo su chico de recados, ganando veintidós dólares a la semana y pagando cinco dólares por el alquiler de una habitación, yo no podía entender cuando me despidieron. Pero mis sueños, mis deseos, trascendieron mi posición allí, así que tuvieron que hacer lo que hicieron para que mis deseos se hicieran realidad. Créeme, tú eres la causa de los fenómenos de tu vida, ya sea bueno, malo o indiferente. Si para ti las noticias son desagradables, tú eres el soñador de esa desagradable tempestad. Pero llegará el día en que te despertarás para descubrir que la tempestad ha terminado. Que solo hay una causa y esa es la conciencia.

Sé que es más fácil dar consejos y mostrarle a la otra persona dónde está equivocada, que reconocer que solo está reflejando lo que está mal en ti. Es difícil aceptar el concepto de que el mundo está dando testimonio de tus pensamientos, pero es cierto. Si no te gusta algo o alguien, no mires eso o a ellos; mira hacia dentro, al que está causando la imagen.

Solo hay un Dios, una causa de toda la vida. Él no solo está por encima de todo y a través de todo; él está en todo. La individualidad universalmente difundida está en cada uno de nosotros en su plenitud. Morando en cada individuo corporalmente, el padre duerme hasta que la tempestad acaba. Luego él despierta y reprende la tormenta que creó durante su sueño y hay una gran calma. Si aceptas esto como tu filosofía de vida, y no te vuelves ni a la izquierda ni a la derecha, sino que afirmas que eres el único responsable de los fenómenos de tu vida, encontrarás que es mucho más fácil vivir. Pero si a veces la vida parece demasiado difícil de soportar y encuentras una causa secundaria, has creado un demonio. Los demonios y los satanes se forman a partir de la renuencia del hombre por asumir la responsabilidad de su vida. Ver a otro que no sea uno mismo, es construir una imagen dorada. Pidiendo perdón a un sacerdote. Llamándolo padre a pesar de que se dijo que no llamaras padre a ningún hombre en la tierra. Al verlo como una autoridad, el hombre se prostituye en busca de una imagen falsa hecha por el hombre.

Entonces, ¿qué vale la libertad para ti? Si no vale mucho, realmente no quieres la libertad. Si fueras esclavizado, ¿qué tienes que no estarías dispuesto a dar, en su totalidad, para ser liberado? ¿Realmente crees que hay un solo Dios, que está en ti en su totalidad, y su nombre es Yo Soy? Sí, aunque hayas olvidado quién eres, dónde estás o que tienes un hijo; un día, el viento te despertará durante una tempestad y cuando salgas del arca, la tormenta menguará. Entonces volverá la memoria, como el que siempre ha sido tu hijo estará delante de ti y te llamará padre, asi las escrituras se desplegarán en tu interior y entonces sabrás que la historia eterna siempre estuvo ahí. Era un libro sellado hasta que se desplegó desde adentro.

Deja que el mundo permanezca en la tormenta si así lo desean, pero si aceptas mis palabras, serás liberado de cualquier causa secundaria y tú, que has estado causando tu tempestad, encontrarás la paz y serás verdaderamente libre.

Ahora entremos en el silencio.

Fin

Wisdom Collection

Sabiduría de Ayer
para los Tiempos de Hoy

www.wisdomcollection.org

Para leer artículos del Nuevo Pensamiento
visita el sitio

www.eligefelicidad.com

Manufactured by Amazon.ca
Bolton, ON